O CIRCO É LUGAR DE MUITA ALEGRIA E BRINCADEIRA. E O PARQUE DE DIVERSÕES TAMBÉM! JUNTOS, SÃO OS LUGARES PREFERIDOS DAS CRIANÇAS!

VAMOS APRENDER E TREINAR A LETRA CURSIVA COM O ALFABETO DESSE MUNDO TÃO MÁGICO E DIVERTIDO!

CUBRA E COPIE AS LETRAS ABAIXO.

A a

B b

C c

COLEÇÃO *Caligrafia* INCRÍVEL — *Alfabeto*

1

H H H

h h h

I I I

i i i

J J J

j j j

COLEÇÃO *Caligrafia* INCRÍVEL – Alfabeto

K K K

k k k

L L L

l l l

m m m

m m m

n n n

n n n

O o o

o o o

P p p

p p p

Q q q

q q q

R R R

r r r

S S S

s s s

J J J

t t t

U u

V v

W w

COLEÇÃO *Caligrafia* INCRÍVEL – Alfabeto